VÉRITABLE CLEF

DES

PARTICIPES

Par l'Abbé MALLET DUFRESNE

PLUS DE RÈGLES DE PARTICIPES

SI CE N'EST L'ACCORD DE L'ADJECTIF AVEC SON SUJET

OUVRAGE DÉDIÉ A L'ACADÉMIE

A l'Enfance, au bon sens, à la postérité

Le Participe ne doit point s'accorder
avec son Régime.

PRIX : 25 c.

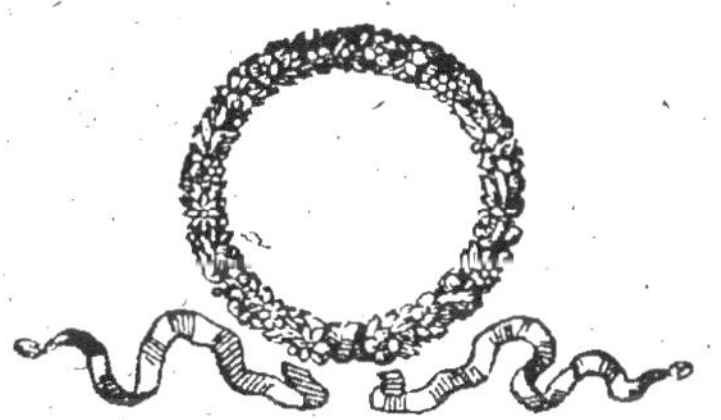

A PARIS,

Chez HACHETTE ET Cie., rue Pierre-Sarrasin , 12.

A AMIENS,

CHEZ LES PRINCIPAUX LIBRAIRES.

1858.

[illegible]

[illegible]

[illegible]

[illegible]

[illegible]

[illegible]

[illegible]

A PARIS,
[illegible]

[illegible]

[illegible]

VÉRITABLE CLEF

DES

PARTICIPES

Par l'Abbé MALLET DUFRESNE

PLUS DE RÈGLES DE PARTICIPES

SI CE N'EST L'ACCORD DE L'ADJECTIF AVEC SON SUJET

OUVRAGE DÉDIÉ A L'ACADÉMIE

A l'Enfance, au bon sens, à la postérité

Le Participe ne doit point s'accorder
avec son Régime.

PRIX : 25 c.

A PARIS,

Chez HACHETTE ET Cie., rue Pierre-Sarrasin, 12.

A AMIENS,

CHEZ LES PRINCIPAUX LIBRAIRES.

1858.

(C.)

Madame,

J'ai l'honneur d'offrir et de recommander cet opuscule à Votre Majesté, à M. le Ministre de l'Instruction publique, et à M. le Président de l'Académie Française, souhaitant qu'il concoure avec les autres Traités sur le même sujet.

La langue française est une des plus belles langues qui existent. Elle est peut-être celle qui s'exprime avec le plus de précision : aussi est-elle la langue du monde civilisé. Cependant je suis étonné qu'on ait laissé subsister une règle aussi fausse que celle-ci : « *Le participe doit s'accorder avec son régime.* » Et cette autre : « *Quand le participe est précédé de son régime, vous le ferez accorder ; et quand il en est suivi, vous ne le ferez pas accorder.* » Et cela, sans considérer s'il est *actif* ou *passif*. Que peut-il sortir de tels principes, si ce n'est les disputes les

différentes opinions, les difficultés, les inconsé-
quences et les absurdités que nous voyons? Qu'on
lise une dizaine de grammaires différentes, et
l'on verra que nous ne disons pas trop.

J'ose donc proposer la rectification de cette
partie essentielle de notre langue; et je la sou-
mets à l'attention des hommes sérieux. — Voici
notre principe :

Le participe exprime-t-il l'état? **accord.**
Exprime-t-il l'action? **point d'accord.**

*C'est avec d'autant plus de confiance que j'ose
m'adresser à Votre Majesté, que tels sont les
principes de la langue espagnole qui en cela
donne l'exemple à la langue française. Heureux
si mon travail peut être agréable et utile.*

J'ai l'honneur d'être,

avec le plus profond respect,

Madame,

DE VOTRE MAJESTÉ,

Le très-humble et très-obéissant serviteur,

MALLET DUFRESNE,

Curé de Saisseval (Somme).

TRAITÉ
DES PARTICIPES.

DU PARTICIPE.

Le PARTICIPE est un mot qui tient et *participe* de la nature du verbe et de celle de l'adjectif, comme *aimant, aimé;* il tient du verbe, lorsqu'il exprime l'action : *aimant Dieu, nous avons aimé Dieu;* il tient de l'adjectif, quand il exprime la qualité, l'état : *les saints triomphants, la vertu sera récompensée,* alors il est appelé *participe adjectif.*

Il y a deux sortes de participes, le participe *présent* et le participe *passé.*

I. — DU PARTICIPE PRÉSENT.

Aimant, Finissant, Recevant, Rendant.

1re RÈGLE. Le participe *présent* marque une action transitoire, et il est invariable.

EXEMPLES :

Une femme *lisant,* des femmes *lisant.*
Les jeunes gens se forment l'esprit en *lisant* de bons livres.

2e RÈGLE. Lorsque le participe *présent* marque un état habituel, une qualité, il devient *adjectif verbal,* et il varie comme l'adjectif.

EXEMPLES :

Une femme *obligeante.*
Des tableaux *parlants.*

L'idée d'*actualité* caractérise le participe ; celle de *permanence* l'adjectif.

TABLEAU COMPARATIF.

PARTICIPES PRÉSENTS.	ADJECTIFS VERBAUX.
C'est une personne *obligeant* tout le monde.	C'est une personne *obligeante*.
Une nouvelle *affligeant* la famille.	Une nouvelle *affligeante* pour la famille.
De l'eau *bouillant* sur le feu.	De l'eau *bouillante*.
Des fruits *pendant* jusqu'à terre.	Cette affaire est *pendante* à la cour.

L'usage et le bon sens en apprendront assez sur ce sujet.

II. — DU PARTICIPE PASSÉ.

Aimé, Fini, Reçu, Rendu.

Le participe *passé*, participant de la nature du verbe et de celle de l'adjectif, est tantôt *verbe* ou *actif*, et tantôt *adjectif* ou *passif*.

Passif ou adjectif il varie; verbe ou actif il est invariable.

1° PARTICIPE PASSÉ PASSIF OU ADJECTIF.

Règle. Le participe passé, sans auxiliaire, ou accompagné du verbe *être*, est passif, adjectif, et il s'accorde en genre et en nombre avec le nom ou pronom qu'il qualifie.

EXEMPLES :

Une faute *punie*, des fautes *punies*.
Mes frères ont été *punis*, mes sœurs ont été *punies*.
Ils sont *tombés*, elles sont *tombées*.

Remarque. Il en est de même quand le participe est accompagné du verbe *avoir* signifiant *posséder*, ou de tout autre verbe. Alors il est censé sans auxiliaire.

EXEMPLES :

Je les croyais *partis*.
L'imagination reste *épouvantée*.
Les livres que j'ai là haut *rangés* dans ma bibliothèque.
La lettre que j'ai *écrite*, c'est-à-dire que je possède *écrite*.

Mais, dit-on, nous ne voulons pas dire : *la lettre que je possède écrite*. Nous voulons exprimer l'action du verbe.—Alors écrivez : *la lettre que j'ai écrit*, etc.

2° PARTICIPE PASSÉ **VERBE OU ACTIF.**

1ʳᵉ Règle **du Sujet.** Le participe passé, conjugué avec l'auxiliaire *avoir*, est actif et ne s'accorde pas avec son *sujet* (*).

EXEMPLES :

Mon père a *écrit*. — Ma mère a *écrit*.
Mes frères ont *écrit*. — Mes sœurs ont *écrit*.

2ᵉ Règle. Le participe passé conjugué avec *être* mis pour *avoir*, comme dans les verbes pronominaux, ne s'accorde pas non plus avec son *sujet*.

EXEMPLES :

Plusieurs païens se sont *donné* la mort.
Elle s'est *nui*.

1ʳᵉ Règle **du Régime.** Le participe passé, conjugué avec *avoir* ou avec *être* mis pour *avoir*, ne s'accorde pas avec *son régime* direct *qui le suit*.

EXEMPLES :

J'ai écrit une lettre.
Ils se sont fait des présents.

2ᵉ Règle. Ce participe passé ne s'accorde pas non plus avec *son régime* direct *qui le précède*; parce qu'il est actif.

S'il a un régime direct, il est verbe, s'il est verbe, il n'est pas adjectif, s'il n'est pas adjectif, il ne doit point s'accorder.

EXEMPLES :

La lettre que j'ai *écrit*, c.-à-dire que j'ai fait l'action d'écrire.
La porte que j'ai *ouvert* s'est *refermé*.
Qui m'a *fait* ton esclave et de qui suis-je née ? (Crébillon.)
Sur ce portail j'aurais ces mots *écrit*. (Lafontaine.)
Tantôt à son aspect je l'ai *vu* s'émouvoir. (Athalie.)
Elle s'est *plaint*. C'est elle qu'on a *craint*. (Vaugelas.)
Je ne puis te dire quelle peine tout cela m'a *fait*. (J. J. Rousseau.)

(*) On appelle *sujet*, ce qui est ou ce qui fait la chose qu'exprime le verbe; on trouve le sujet en mettant *qui est-ce qui?* devant le verbe : *ma sœur a écrit une lettre.* Qui est-ce qui a écrit? réponse : ma sœur, *ma sœur* est le sujet du verbe *a écrit*.

On appelle *régime*, celui sur lequel tombe l'action du verbe; on trouve le régime en mettant *qui?* ou *quoi?* après le verbe : ma sœur a écrit quoi? une lettre, *lettre* est le régime.

La femme..., la romance que j'ai *entendu* chanter.
La maison que j'ai *cru* que vous aviez *acheté*.
Les peines, les sommes que cette entreprise a *coûté*, *valu*.
Les chaleurs qu'il a *fait*; que Dieu, les éléments ont *fait*.
Des pleurs, hélas ! j'en ai beaucoup *versé*.

Ainsi des participes passés suivis d'un infinitif, du participe entre deux *que*, des verbes intransitifs, réfléchis, impersonnels, des participes *fait, laissé, coûté, valu, pesé:* du participe précédé de *le peu, en*, etc.

Remarque. Cependant si l'on voulait exprimer *l'état d'une chose faite*, si l'on voulait dire : *Dieu* nous a créés : c'est-à-dire nous possède créés, le participe serait passif, et il s'accorderait; mais ce n'est pas ce que l'on veut dire, on veut dire que Dieu a fait l'action de nous créer, le participe est actif. De même, *elles se sont estimé* ne signifie pas, elles se possèdent estimées, mais, elles ont fait l'action de s'estimer, elles s'estimèrent réciproquement ; de même, dans *elles se sont repenti*, le participe est actif, puisqu'il a un régime direct d'après l'Académie, voir ci-après pages 16, 20 et 22, il n'est point passif, les verbes pronominaux n'ont point de passif, donc point d'accord.

Ainsi quand on prend le participe passé passivement, on doit le faire accorder; et quand on le prend activement, on ne doit point le faire accorder; mais le prendre passivement dans nos verbes actifs, est irrégulier, et la signification n'est plus la même.

De là cette RÈGLE GÉNÉRALE : Le participe soit présent, soit passé :

1º *Varie* quand il est *participe passif* ou *adjectif :* une personne *obligeante*, une pomme *gâtée*, elles sont *estimées*.

Et 2º *Il est invariable* quand il est *participe actif*, qu'il marque l'*action* : Des hommes *lisant*; j'ai *écrit* une lettre; la lettre que j'ai *écrit*; elles se sont *estimé*.

En deux mots : *Exprimez-vous l'état?* accord;
Exprimez-vous l'action? point d'accord.

Telle est la véritable clef des participes. Il faudrait graver ces mots en lettres d'or.

En ce peu de mots sont renfermées toutes les règles des participes, ou plutôt *plus de règles de participes*, si ce n'est l'accord de l'adjectif avec son sujet.

Quelle simplicité en place de tant de complication ! Ce n'est pas une réforme que nous demandons, c'est la liberté de faire mieux, de dire : la lettre que j'ai *écrit*, etc.

§ I. Les grammairiens *à quia*.

Question insoluble. Pourquoi les grammairiens accordent-ils et n'accordent-ils pas la même chose? pourquoi font-ils accorder le participe passé avec son régime qui le précède, lorsqu'ils ne le font point accorder avec son régime qui le suit?

Un prix est proposé à celui qui la résoudra d'une manière satisfaisante. Essayons :

1° C'est parce que le participe est passif.

R. Il est actif, puisqu'il a un régime direct.

2° Il est pris passivement.

R. Alors il y a irrégularité et signification changée.

3° C'est parce que le régime précède le participe.

R. La place n'y fait rien. Le participe ne doit point s'accorder avec son régime.

4° C'est parce qu'on ne connaît pas encore le régime qui va suivre. — *R.* Ignorance.

5° C'est l'usage. — *R.* C'est un usage fautif.

6° C'est par concordance. — *R.* Sottise.

7° C'est une imitation du latin qui met *habeo scriptum. R.* Mais quand le fait-il? quand il veut exprimer l'état, ce qui est notre principe. Ainsi, ne pouvant résoudre la question, nous disons :

Le participe exprime-t-il l'état? **accord.**
Exprime-t-il l'action? **point d'accord.**

---

§ II. Les grammairiens en désaccord.

1° Parmi les grammairiens il y a des *activistes avec accord* qui font actif le participe et qui le font accorder avec son régime; Constant Letellier, Noël et Chapsal, etc. analysent: les pommes qu'il a *mangées* verbe actif, passé indéfini, 3e personne du singulier au pluriel, du masculin au féminin. Le participe ne doit point s'accorder avec son régime, autant vaudrait dire qu'Ulysse est père et fils de Télémaque.

2° Il y a des *passivistes* qui font le verbe, actif dans ses temps simples, et passif dans ses temps composés; leur passif n'est qu'un passif corrompu qui n'exprime pas l'idée; il ne s'agit pas de dire que j'ai une lettre écrite, il s'agit de dire que j'ai écrit ou fait l'action d'écrire une lettre.

3° Il y a des *acti-passivistes* qui font le participe actif et passif en même temps, tels sont Guerrier de Haupt, Girault Duvivier, etc. qui disent que le participe exprime l'état du régime en même temps qu'il exprime l'action du sujet; d'après eux le verbe, dans *les pommes qu'il a mangées*, est en même temps actif, passif, singulier, pluriel, masculin, féminin !!!

Quel monstrueux et phénoménal amphibie!

Ce désaccord prouve qu'ils ne sont pas fondés en principes.

Nous, nous disons: le participe est-il passif? accord; est-il actif? point d'accord et nous le faisons actif dans nos verbes actifs.

Enfin la paix est faite, voulez-vous dire: la lettre que j'ai ou possède écrite? accordez-le; voulez-vous dire: la lettre que j'ai écrit ou fait l'action d'écrire? ne l'accordez pas.

Et encore la lettre que j'ai *écrite* n'a pas de sens.

Voici quelques participes qui peuvent le plus présenter le sens passif: tant d'années que nous avons *perdu* ou *perdues* dans l'oisiveté, dans la dissipation... *prodigué* ou *prodiguées* à la vanité et peut-être *passé* ou *passées* dans le crime, selon que l'on veut exprimer l'action ou l'état, et où le sens actif est encore le plus naturel.

Il ne s'agit pas de savoir si le régime est avant ou après, il s'agit de savoir si l'on a fait une chose ou si l'on a une chose faite.

Quant aux verbes pronominaux, ils suivent la même règle; si vous pouvez les faire passifs, accordez-les. Exemple: *elle s'en est allée* pour *elle est en allée*; s'ils sont actifs ou neutres, ne les accordez pas. Exemple: *elles se sont vu*, pour *elles ont vu elles*; *elles se sont plu*, pour *elles ont plu à elles*; *elles se sont douté* (en elles) *de cela. Elle s'est moquée de vous* est un contre-sens. *La porte que j'ai* ou possède *ouverte*; *s'est* ou *s'a* ou se possède *refermée* est une absurdité.

Pourquoi empêcher de prendre une locution directe et faire prendre une locution indirecte qui n'exprime pas l'idée et qui souvent n'a pas le sens commun?

Notre principe est si juste qu'il résout toutes les difficultés et perfectionne notre langue; nous ne doutons plus de son succès.

DÉMONSTRATION.

Le participe passé dans nos temps composés actifs est pris de trois manières : 1° *activement avec accord*, ce qui est irrégulier ; 2° *passivement*, ce qui est irrégulier et n'exprime pas l'idée ; 3° reste donc de le prendre activement sans accord.

Nous avons deux manières d'exprimer une phrase, la voix active et la voix passive ; *la lettre que j'ai écrit* est la voix active, *la lettre qui a été écrite par moi* est la voix passive ; *la lettre que j'ai écrite* n'est ni la voix active, ni la voix passive, ce n'est qu'un galimatias mêlé d'actif et de passif, et qui n'exprime pas du tout que j'ai fait l'action d'écrire une lettre.

Nous voudrions ne pas exclure cette orthographe ; mais ces expressions : *Dieu nous a* ou *possède créés. Quelle peine cela m'a faite! Héritier d'une fortune qu'il n'a pas faite*, etc. 1° sont ridicules ; 2° elles n'expriment pas l'idée ; 3° on ne sait par qui l'action est faite ; 4° le temps est plutôt un présent qu'un passé ; et 5° il y a des phrases qui n'ont pas le sens commun.

Il n'y a que par licence poétique ou faute qu'on use de cette locution. Nos verbes actifs ne sont point actifs dans leurs temps simples et passifs dans leurs temps composés. C'est un participe *actif*, on le croit *passif*, voilà l'erreur.

Le latin, pour exprimer l'action dit: *scripsi*, et pour exprimer l'état, *habeo scriptum;* le français, à défaut de temps simple, se sert de *j'ai écrit*, dans les deux cas, *j'ai écrit une lettre* et, *j'ai une lettre écrite*, on les confond, mais l'un n'est pas l'autre; l'un est un participe actif, et l'autre un participe passif.

Le participe actif, voilà cette beauté, cette règle toute française, et non le participe actif avec accord, ni le participe toujours passif. Une faute n'est pas une beauté.

On objecte que c'est l'usage ; nous laissons libres ceux qui voudront s'en tenir à l'usage, quant à nous,

nous ne le laisserons pas prévaloir sur des convictions acquises par le raisonnement; nous prouvons, d'après l'Académie, que l'on peut dire, et que c'est mieux de dire, la lettre que j'ai *écrit*, c'est même la seule locution correcte.

Nous pourrions nous dispenser de prouver l'activité du participe passé dans nos verbes actifs. Certes l'autorité des Lhomond, de tous les Grammairiens pratiques, et de l'Académie, la prouve assez. Cependant nous allons démontrer : 1° que nous avons en français un participe passé actif, bien entendu, lorsqu'il est joint à l'auxiliaire; 2° que ce participe ne doit point s'accorder avec son régime.

CHAPITRE Ier.

§. I. — De l'activité du Participe passé conjugué avec l'auxiliaire *avoir*.

Les participes que l'on appelle passifs ont-ils tous véritablement la signification passive?

Non, dit Restaut, p. 365. Ils ont la signification passive quand ils sont seuls ou accompagnés du verbe *être*; mais ces mêmes participes cessent d'avoir la signification passive, lorsqu'ils forment, avec l'auxiliaire *avoir*, les temps composés des verbes actifs ou des verbes neutres, comme dans: *J'ai vaincu, j'ai agi;* ils sont déterminés à avoir une signification active par la jonction de l'auxiliaire *avoir*, en sorte que, *J'ai vaincu*, pourrait être regardé comme deux mots, ou comme un seul mot dont l'emploi est de signifier l'action du verbe au passé, comme, *Je vaincrai*, la signifie au futur.

Il en est de même des verbes réfléchis. *Elle s'était promis l'éternité*, est un verbe actif, puisqu'il a un complément direct; *l'éternité*, dit B. Julien.

1° Originairement on a dit: *Je suis ayant* écrit une lettre, et on y a substitué *j'ai écrit* (*), mais ici *j'ai*

(*) C'est un phénomène bien remarquable, dit M. Obry, page 33, que le remplacement du verbe *être* par le verbe *avoir*, dans la série entière des temps composés de la voix active.

De même dans nos verbes pronominaux, originairement,

n'est pas, je suis ayant, quoi? écrite une lettre. C'est
je suis, quoi? ayant écrit. C'est un composé de *je suis*
marquant l'état du sujet, et de *ayant*, aidant à exprimer l'action du verbe; c'est un verbe *auxiliaire* dans
toute la force du terme, ce n'est donc pas l'auxiliaire
avoir qui est verbe principal, c'est le participe; pour
preuve qu'*avoir* n'est pas verbe principal, c'est qu'on
ne s'en sert pas dans les verbes réfléchis.

La lettre que j'ai écrit a la même signification ; la
place n'y fait rien ; le participe exprime l'action ;
donc point d'accord.

Le français est une langue didactique, précise :
j'ai quoi? écrit, écrit quoi? une lettre, *lettre* régime
direct de *écrit* ou de *ayant écrit*, et non pas : *j'ai
quoi?* une lettre écrite ; l'action ou puissance du
verbe *avoir* tombe sur *l'acte d'écrire une lettre*, et
non sur *l'état d'une lettre écrite.*

J'écris, est l'acte d'écrire au présent, *j'écrirai*,
l'acte d'écrire au futur et *j'ai écrit*, l'acte d'écrire
au passé. Enfin notre participe passé est actif,
comme le participe passé actif des verbes déponents
latins, *sum imitatus patrem*, je suis ayant, j'ai imité...

2° En effet, voyez à l'infinitif des verbes, *tous
nos grammairiens* admettent un participe passé actif.
Avec l'auxiliaire *avoir* il est toujours actif *pas d'ex-
ception*, disent Bonneau et Lucan ; les enfants *ayant
abandonné* la maison, est un participe passé actif,
dit Bescherelle, *Grammaire Nationale*, p. 502.
Tous, même les passivistes, admettent l'activité du
participe dans ; il les a *fait* dormir, elle s'est *fait*
mourir.

Le participe passé est actif avec le verbe *avoir*,
disent Dumarsais et Condillac, comme marquant
l'action à titre du substantif dérivé d'un verbe, sous

---

d'après les auteurs de la *Grammaire Nationale*, le verbe *être* y
était accompagné du participe présent *ayant*, qui faisait corps
avec le participe passé, pour constituer celui-ci en état de participe passé composé *actif*; page 68. — Les Français auraient
d'abord employé *être ayant* aux temps passés des verbes pronominaux, et des verbes intransitifs ; ils y auraient ensuite
laissé *être* tout seul par ellipse d'*ayant*, et finalement ils n'y
appliqueraient *avoir* que comme substitut ou contraction d'*être
ayant* ; page 73.

ce point de vue, il garde le régime direct de ce verbe, à l'exemple des substantifs latins, qui le gardaient avant le siècle d'Auguste.

Duclos et Beauzée ont reconnu l'activité du participe passé comme ceux-là : seulement qu'ils le nommaient improprement *supin*, tandis que ceux-là le nommaient *substantif*, que B. Julien le nomme *infinitif passé*, et que nous, nous le nommons PARTICIPE PASSÉ ACTIF.

3° Le participe passé est actif comme le participe grec, *poiésas eko* ou *eimi*, j'ai ayant fait, ou je suis ayant fait, par contraction j'ai fait; comme les participes des verbes latins déponents *qui déposent la signification passive pour prendre l'active, miratus sum virtutem*, je suis ayant admiré, ou j'ai admiré la vertu; il est actif et invariable comme le participe espagnol *las cartas que he recebido ;* comme celui de l'anglais, des langues germaniques; comme celui du sanscrit qui a un suffixe ; le suffixe ou signe d'activité du participe français est l'auxiliaire *avoir* exprimé ou sous-entendu. D'ailleurs le suffixe sert à distinguer l'activité, mais ne la produit pas, *c'est le sens actif que l'on donne au participe qui produit l'activité et l'invariabilité.*

On a tort de se baser sur le participe latin. Nous crions à haute voix : *Le participe français n'est pas le participe passif latin.* Le participe passé français est dans les verbes actifs, le participe latin n'y est pas ; nous lui donnons une signification active et un régime, le latin lui donne une signification passive ; que dis-je ? le latin donne aussi une signification active et un régime aux participes des verbes déponents, et pour qu'on ne s'y trompe pas, il ne met pas *habeo*, mais *sum, mater quam imitatus sum.*

Le participe français n'est donc pas le participe passif des latins *mais plutôt le participe actif de leurs verbes déponents;* en effet, nous lisons à l'infinitif français et à l'infinitif latin déponent : *participe passé actif; imité, ayant imité* la vertu, *imitatus virtutem;* le régime n'est donc pas le régime du verbe *avoir,* mais du participe, le participe est actif.

Il l'est encore à plus forte raison dans les verbes pronominaux ou le verbe *avoir* n'est pas, où le verbe *être* est resté comme dans les verbes déponents.

Parce que le participe est passé , il n'est pas pour cela passif; passé n'est pas identique de passif.

Comment les passivistes ne voient-ils pas, ou ne veulent-ils pas voir l'activité du participe passé ? Parce que notre participe passé ne porte pas avec lui son signe d'activité, cette activité n'en existe pas moins.

M. Obry pense que l'action du verbe *avoir* ne peut tomber que sur un objet possédé ou un participe passif; nous démontrons qu'elle peut tomber également ment sur un participe actif ou un objet possédant ou agissant. Voilà en quoi consiste l'erreur, et ce qui fait crouler ce système.

PROPOSITION. — Le Participe passé est actif dans nos verbes actifs (*).

Le nier c'est se mettre en contradiction : 1° avec la nature du participe ; 2° avec la grammaire; 3° avec l'Académie ; 4° avec le sens commun ; 5° avec notre volonté d'exprimer l'action.

1° Le participe a nécessairement la même force d'action que le verbe dont il dérive , puisqu'ils ont tous les deux la même nature.

2° Les grammairiens pratiques, les rudimentaires en vogue admettent presque tous l'activité absolue du participe passé construit soit avec *avoir*, soit avec *être* dans nos conjugaisons à la voix active , nous citerons entre autres Lhomond , Letellier , Noël et Chapsal, Bonneau et Lucan , Guerrier de Haupt, MM. Bescherelle frères et Litais de Gaux, Poitevin , etc., etc. L'activité relative, a bien peu de partisans, et *sa passivité n'en a plus*, dit M. Obry, page 22. Voilà qui est significatif.

(*) Par verbes actifs, nous entendons aussi les verbes neutres conjugués avec *avoir*, et les verbes réfléchis, c'est-à-dire , les verbes transitifs, intransitifs et réfléchis.

3° *L'Académie*, dans son dictionnaire de 1776, dit que le participe passé acquiert une signification active, et même un régime, dans les temps où il entre soit du verbe actif, soit du verbe réciproque : *J'ai aimé la musique ; je me suis reproché mes fautes ;* et dans celui de 1844 : « Le participe tient de la na- » ture du verbe, il exprime l'attribut d'action, il est » quelquefois adjectif. »

4° Quand je dis : *J'ai écrit une lettre*, je veux dire : *J'ai fait l'action d'écrire une lettre ;* or, j'ai écrit une lettre avec le participe actif signifie ce que je veux dire, tandis que je possède écrite une lettre ne le signifie pas ; de même, *la lettre que j'ai écrit*, signifie ce que je veux dire, tandis que, *la lettre que j'ai écrite*, ne le signifie pas.

Notre passé indéfini n'aurait pas cette signification active qu'il faudrait la lui donner ; cette activité n'existerait pas qu'il faudrait l'inventer.

Le participe, dit Vanier, uni à l'un des auxiliaires *avoir* ou *être* ne forme, pour ainsi dire, plus qu'un mot avec lui et exprime le passé du verbe qu'il conjugue, comme *j'ai aimé, j'ai lu*, correspondant aux temps simples des latins : *amavi, legi*. Dans ce sens, il n'est plus passif, il est actif, puisqu'il peint l'action du sujet (Acad.). C'est notre participe-verbe considéré ainsi depuis que l'auxiliarité s'est introduit chez nous ; ce qui a contribué, par la formation des temps composés, à enrichir notre conjugaison qui manquait de formes simples pour exprimer toutes les nuances d'antériorité : avant cela il était adjectif et variable comme en latin. Cette règle est toute française, elle est née du génie de notre langue. De sorte qu'aujourd'hui j'ai chargé des armes ne veut pas dire : *j'ai des armes chargées ;* ou les armes que j'ai chargé : *les armes chargées que j'ai.*

Les Anglais, qui ont une langue nouvelle, comme nous, disent aussi : *I have loved God*, cela ne signifie pas : *J'ai Dieu aimé*, mais : *J'ai aimé Dieu*. Ce qui n'est pas du tout la même chose. Il y a une grande différence entre ces deux expressions, tandis que c'est la même chose dans le latin. On ne peut donc comparer le français avec le latin.

De plus : *Les créatures ne se sont pas faites elles-mêmes*, n'a de sens qu'à la voix active, et n'a pas le sens commun à la voix passive.

§. II. — Des Verbes réfléchis.

Nos verbes réfléchis qui au premier coup-d'œil sembleraient être passifs, démontrent encore mieux que les autres verbes l'activité du participe passé.

Cette proposition : *elles se sont estimé.*

1.° Ne signifie pas *elles sont estimées*, car le pronom *se* serait inutile.

2° Elle ne signifie pas non plus : *elles ont elles estimées* ; ce qui n'exprimerait pas par qui elles sont estimées, et ce ne serait plus un verbe réfléchi ou réciproque.

3° Cette phrase signifie donc : *elles sont ayant estimé elles, elles ont estimé elles, elles ont fait l'action de s'estimer réciproquement.* C'est un participe actif, *se* est son régime direct. L'Académie et tous nos grammairiens le font actif, et lui donnent un régime direct ; or le participe actif ne s'accorde jamais avec son régime. Si le participe actif devait s'accorder avec quelque chose, ce devrait être avec son sujet comme en latin, mais il est admis de ne point le faire accorder avec son sujet, encore moins doit-on le faire accorder avec son régime.

On écrira donc :

> Elles se sont *repenti*, elles se repentirent.
> Les cordes de cette guitare se sont *cassé* (*).
> Ces marchandises se sont bien *rendu.*

Ces choses, par prosopopée, sont alors personnifiées, le participe est pris activement ; il ne s'accorde donc pas avec le sujet, comme dit Letellier ; il ne s'accorde pas non plus avec son régime, comme disent les autres grammairiens, autrement il serait régi par son régime.

Ce n'est donc point notre faute s'il n'y a point

(*) *Se sont cassé* est *passif*, dit-on, parce que les cordes ne se cassent pas. — Est-ce que *elles se cassèrent* est passif aussi ?

d'accord, pourquoi personnifiez-vous ces choses ? Si vous voulez qu'il y ait accord, pourquoi ne dites-vous pas, ces marchandises ont été bien *vendues*. Ces cordes sont *cassées ?*

Je me suis imité, signifie : *Je suis ayant imité moi* (ou, sans changer de mot, *je suis imité moi*), moi, régime direct de *imité*, participe actif à l'instar des verbes déponents latins qui ont une signification active : *Sum imitatus meipsum.* C'est à tort que nous disons que le verbe *être* est mis pour *avoir*, il tient sa propre place sous-entendu *ayant*. Nous appelons l'attention des savants sur ces principes.

Voilà le raisonnement que les grammairiens ne détruiront pas.

CHAPITRE II.

§. I. — Le Participe passé ne doit point s'accorder avec son régime.

Cette vérité sera proclamée partout où l'on parle français ; car si le participe passé a un régime, il est actif, s'il est actif, il n'est point passif, s'il n'est point passif, il ne doit pas s'accorder.

Dans *aucune langue* le participe passé ne s'accorde avec son régime ; il ne s'accorde pas dans *j'ai écrit une lettre*, pourquoi le faire accorder dans, la lettre que j'ai *écrite ?* pourquoi cette contradiction ?

Ce serait une absurdité de faire accorder le participe passé avec son régime ; lequel des deux serait alors régime ? Il y a même contradiction dans les mots. Autant vaudrait, dit Lemare, dire qu'Ulysse est père et fils de Télémaque, et que Télémaque est fils et père d'Ulysse.

§. II.

De ces trois phrases : *la lettre que j'ai perdu ; la lettre qui a été perdue par moi ; la lettre que j'ai ou possède perdue*, la première est la plus correcte, la seconde en est la traduction passive, la troisième n'est qu'une phrase bizarre, barbare, incorrecte et qui n'exprime pas l'idée. Et l'on voudrait nous forcer d'admettre celle-ci, et ce serait une faute de se servir de la première ?... Non, il n'en sera pas ainsi, déjà plusieurs n'admettent plus cette règle-Marot.

M. Guerrier de Haupt, cite, *Grammaire Nationale*, p. 106 ; *la porte qu'ils ont ouverte ;* ce qui ne signifie pas qu'ils ont ouvert une porte, mais qu'ils ont une porte qui est ouverte ; *il m'a droit dans ma chambre une boîte jetée,* ce qui ne signifie pas : il m'a jeté une boîte droit dans ma chambre ; mais, il a à moi, ou il a une boîte qui a été jetée à moi droit dans ma chambre. — Quel galimatias ! J'adjure tous les grammairiens de dire si cette phrase ne signifie pas cela.

Les passivites et les activistes accordent et n'accordent pas la même chose ; pour voir tout le ridicule de la manière de parler des passivistes, il n'y a qu'à remplacer le verbe *avoir* par *posséder. Vous avez* la lettre que *j'ai* écrite; *je possède monté un cheval ; je possède ouverte une porte ; je possède dîné ; je possède couru, etc.* Nous, nous osons dire : *J'ai fait l'action de dîner, d'écrire, de courir, etc.* Qu'ils mettent ce participe dans les verbes passifs, alors nous n'aurons plus de prétérit ou passé indéfini actif. En attendant que tout cela soit, et tant que nous voudrons lui donner le sens actif, il faudra bien en passer par le non-accord.

Jeunes élèves, vous ne le ferez pas accorder, et vous ferez preuve de bon sens.

Les Académies nous approuveront.

Cet oracle est plus sûr que celui de Calchas.

Honneur aux Ecclésiastiques qui ont pris l'initiative de cette réforme.

Instituteurs, vous êtes chargés de l'éducation de la jeunesse, jusques à quand ne lui montrerez-vous pas la vérité ? Grammairiens, jusques à quand, esclaves de la routine et de Marot, nous forcerez-vous de dire: *Les créatures ne se sont point faites elles-*

mêmes, c'est le Seigneur qui les a faites? (*) Véritable contre-sens.

Mais, dites-vous, on ne nous permettra pas de suivre cette réforme, on nous comptera une faute.— Qui?... Nous portons le défi le plus solennel à ceux qui l'oseraient ; ce serait au contraire à nous à leur en compter une.

§. III. — Jugement de l'Académie.

L'Académie dit que « le participe tient de la nature
» du verbe, qu'il acquiert une signification active et
» même un régime... En conséquence, l'Académie
» n'empêche pas que le participe exprime l'action
» du sujet sur ce régime, et qu'on dise : Quelle
» peine cela m'a fait ! C'est elle qu'on a *craint*, elle
» s'est *plaint* (Vaugelas), j'ai *écrit* une lettre, et par
» conséquent je l'ai *écrit*, etc. » Vous entendez.

Note. Enseigner, que le participe passé est toujours passif, c'est se mettre en contradiction avec l'Académie, déformer notre langue et donner aux enfants une mauvaise idée du participe.

§. IV. — De M. B. Julien.

M. B. Julien admet un participe passé actif, qu'il appelle improprement infinitif passé. Il dit que : *avoir écrit une lettre* est un infinitif passé invariable, or *l'avoir écrit* en est un aussi.

CONCLUSION.

Ainsi il est évident : 1°. Que le participe passé ne doit point s'accorder avec son régime ;

(*) Oyez le raisonnement de Marot :

> « Enfants, oyez une leçon :
> » Notre langue a cette façon,
> » Que le terme qui va devant
> » Volontiers régit le suivant...
> » Il faut dire en termes parfaits,
> » Dieu en ce monde nous a *faits*,

Oyez-vous ? le beau raisonnement ! c'est parce que le terme va devant ! D'où il suivrait que dans : *Dieu a fait nous*, *fait* régirait *nous*, et dans : *Dieu nous a faits*, *nous* régirait *faits*. Cela est digne de Marot, qui n'a pas toujours observé sa règle.

2° Qu'il peut être pris activement sans accord, quand le régime précède ;

3° Qu'il vaut mieux le prendre activement sans accord, que passivement avec accord.

En définitif, exprimez-vous l'état ? accord.
Exprimez-vous l'action ? point d'accord.

RÉSUMÉ.

Il y a en français un participe *présent-verbe*, et un participe *présent-adjectif*, dit adjectif-verbal.

De même il y a un participe *passé-adjectif* : j'ai une lettre *écrite*, et un participe *passé-verbe* : j'ai *écrit* une lettre.

L'Académie a déclaré ce participe actif ou verbe. (V. son Dict.) Elle a aussi reconnu l'auxiliarité. Et le 3 juin 1679 elle avait sanctionné une règle en ces termes : « *la règle est faite, on ne déclinera point les participes actifs.* »

De même, la lettre *écrite* que j'ai, est un participe adjectif. La lettre que j'ai *écrit*, si l'on a l'intention d'exprimer l'action du verbe *écrire*, et qu'on lui donne un régime direct, est un participe passé-verbe ou actif ; or, s'il est verbe, il n'est pas adjectif, s'il n'est pas adjectif, il ne doit point s'accorder.

Les participes passés des verbes pronominaux et des verbes neutres conjugués avec *avoir* sont aussi actifs.

Les grammairiens du siècle de Louis XIV, comme ceux d'aujourd'hui, prirent activement le participe passé, même lorsqu'il est précédé du régime, puisqu'ils disent que *le participe passé s'accorde avec son régime direct, quand ce régime précède le participe,* or, s'il a un régime direct, il est actif.

Ainsi nous n'inventons point l'activité du participe passé ; elle existe, et quand nous l'inventerions, nous devrions bien mériter de la postérité, nous tirons seulement la conséquence nécessaire : *Point d'accord.*

Lorsqu'on dit : la lettre que j'ai *écrite*, elles se sont *estimées.* On dit le participe *verbe*, puisqu'on lui donne un régime, et on le fait accorder comme *adjectif* ; ainsi l'on ne distingue pas le participe-verbe du participe-adjectif.

Qu'on ne dise pas que nos bons écrivains ont suivi cette orthographe. — Ils ont suivi l'orthographe reçue, mais ils n'ont pas traité la question.

Avec le participe-verbe, l'orthographe et l'analyse sont faciles, et elles sont inextricables avec le participe toujours passif; pour exemple, qu'on analyse passivement : *elles se sont succédé.*

Il n'y a qu'une routine, un despotisme qui puisse faire une loi exclusive de l'orthographe d'aujourd'hui.

Tant qu'on imposera cette loi, on ne sortira point du ga·limatias. Galimatias, si on fait le participe-passif. Galimatias, si on le dit actif, et qu'on le fasse accorder.

« Quand on exprime la qualité, dit Ramus, c'est l'ad-» jectif; mais quand on exprime l'action, c'est le verbe; » plus d'accord. »

« Je ne croirais nullement qu'on fît une faute, dit l'abbé » Régnier-Desmarais, qui a été pendant 40 ans secrétaire de » l'Académie, en disant : *la lettre que j'ai reçu,* et faisant » le participe invariable, soit qu'il précède, soit qu'il suive » le substantif qu'il régit. En parlant de quelques livres, » de quelques papiers, si je dis que je les ai *rangés* par ordre » dans mon cabinet, je laisse en doute si c'est moi qui ai » pris le soin de les ranger, ou si je veux dire seulement » que je les ai, et qu'ils sont rangés par ordre; je ne fais au-» cune distinction entre l'action de la personne et l'état de » la chose. Pour moi, afin d'éviter cette confusion, je croi-» rais qu'on pourrait marquer l'action de la personne, en » faisant le participe indéclinable, et disant : je les ai *rangé* » par ordre dans mon cabinet, et marquer *l'état* de la chose » en accordant le participe, et disant : je les ai *rangés* par » ordre; ce qui est comme si l'on disait : je les ai, et ils sont » rangés par ordre. »

Cette règle est bien préférable à celle des passivistes; c'est la nôtre :

Exprimez-vous l'état? accord. Exprimez-vous l'action? point d'accord.

Alors rien de plus facile et de plus logique que l'ortho-graphe et l'analyse.

FIN.

TABLE.

Amiens. — Typographie de Caron et Lambert.

9 782014 456707